Impressum
Verlag: BABADADA GmbH, Nedderfeld 112 , 22529 Hamburg
Geschäftsführer / Verlagsleitung: Harald Hof
Druck: Books on Demand GmbH, In de Tarpen 42, 22848 Norderstedt

Imprint
Publisher: BABADADA GmbH, Nedderfeld 112 , 22529 Hamburg, Germany
Managing Director / Publishing direction: Harald Hof
Print: Books on Demand GmbH, In de Tarpen 42, 22848 Norderstedt, Germany

la escuela
школа

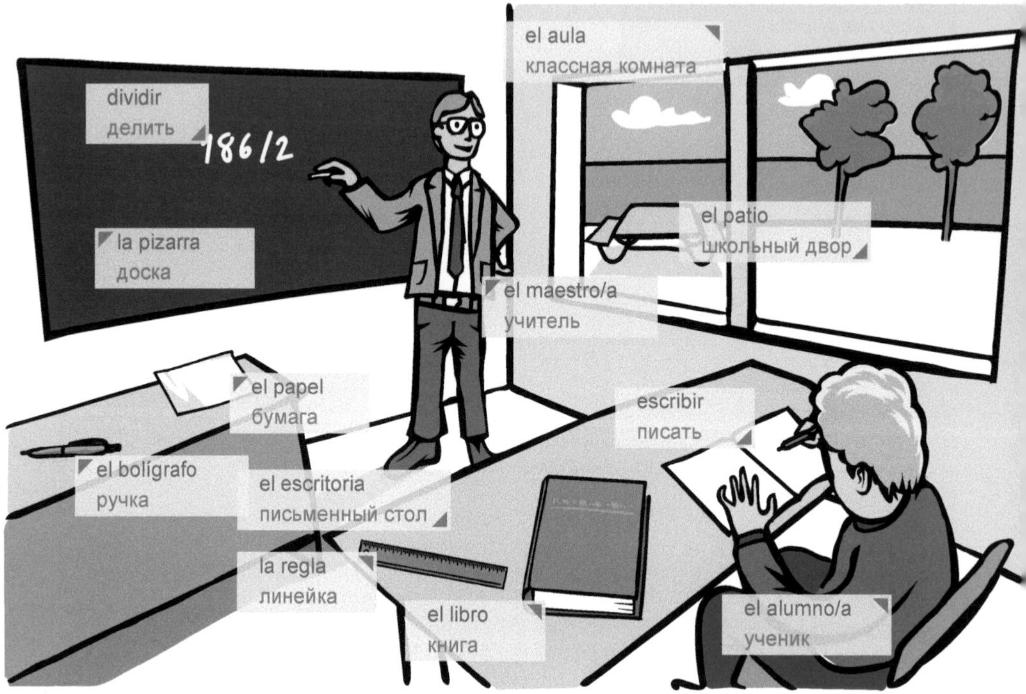
el aula
классная комната
dividir
делить
186/2
la pizarra
доска
el patio
школьный двор
el maestro/a
учитель
el papel
бумага
escribir
писать
el bolígrafo
ручка
el escritoria
письменный стол
la regla
линейка
el libro
книга
el alumno/a
ученик

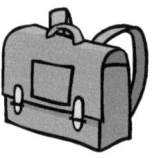

la cartera
ранец

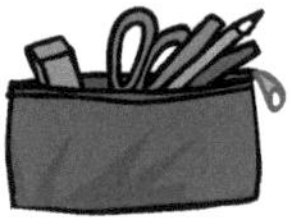

la caja de lápices
пенал

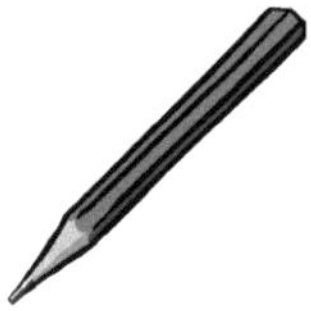

el lápiz
карандаш

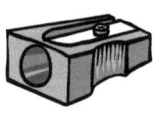

el sacapuntas
точилка

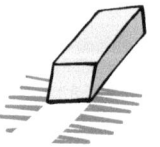

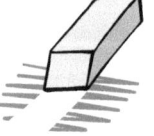

la goma de borrar
ластик

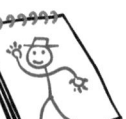

el cuaderno de dibujo
альбом для рисования

el dibujo

рисунок

el pincel

кисточка

la caja de pinturas

коробка красок

las tijeras

ножницы

el pegamento

клей

el cuaderno de ejercicios

тетрадь

los deberes

домашняя работа

el número

цифра

sumar

прибавлять

restar

вычитать

multiplicar

умножать

calcular

считать

la letra

буква

el alfabeto

алфавит

la palabra

слово

el texto

текст

leer

читать

la tiza

мел

la lección

урок

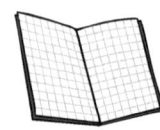

el cuaderno de notas

классный журнал

el examen

экзамен

el certificado

диплом

el uniforme

школьная форма

la educación

образование

la enciclopedia

энциклопедия

la universidad

университет

el microscopio

микроскоп

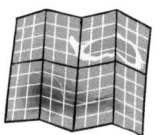

el mapa

карта

la papelera

корзина для бумаг

el viaje

путешествие

el hotel
гостиница
Grand
el albergue
турбаза
ROOMS
CHANGE
oficina de cambio de divisas
нкт обмена валюты
la maleta
чемодан
el coche
автомобиль

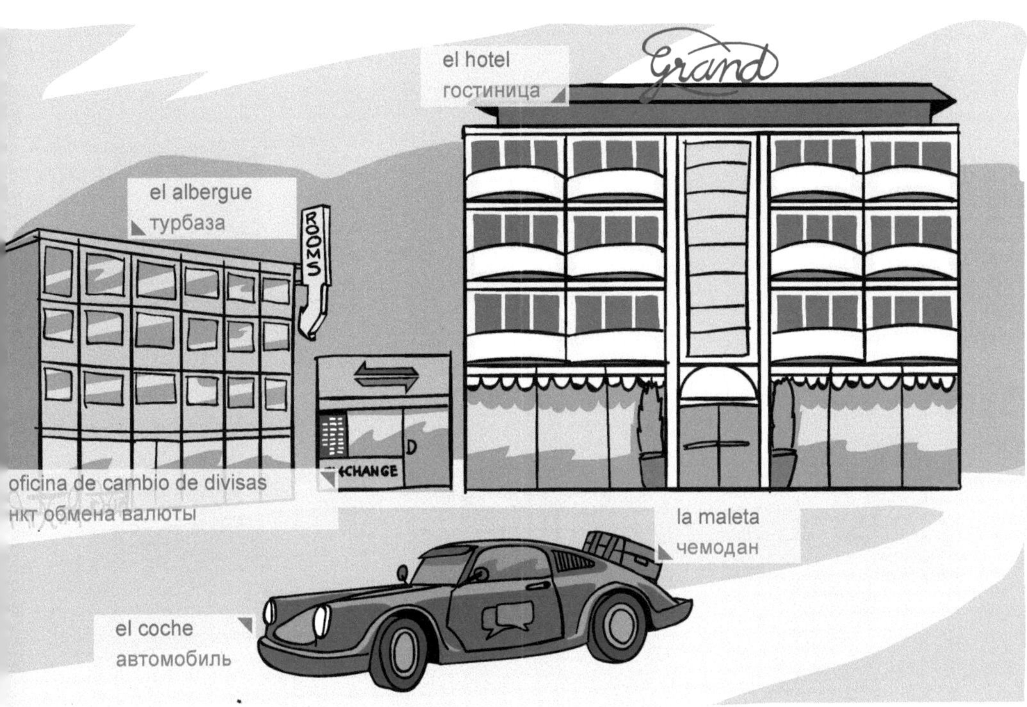

el idioma

язык

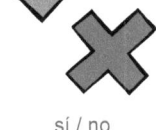

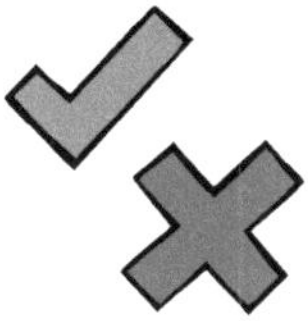

sí / no

да / нет

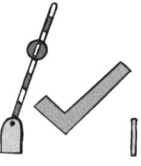

Vale

хорошо

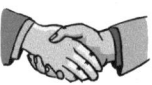

hola

Привет

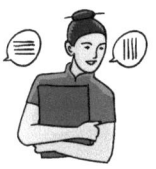

el traductor

переводчик

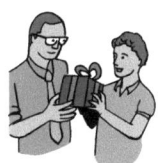

Gracias

Спасибо

¿cuánto es…?

Сколько стоит…?

No entiendo

Я не понимаю

el problema

проблема

¡Buenas tardes!

Добрый вечер!

¡Buenos días!

Доброе утро!

¡Buenas noches!

Доброй ночи!

adiós

До свидания

la dirección

направление

el equipaje

багаж

la bolsa

сумка

la mochila

рюкзак

el invitado

гость

la habitación

комната

el saco de dormir

спальный мешок

la tienda de campaña

палатка

el viaje - путешествие

la información turística

туристическая
информация

la playa

пляж

la tarjeta de crédito

кредитная карточка

el desayuno

завтрак

el almuerzo

обед

la cena

ужин

el billete

билет

el ascensor

лифт

el sello

почтовая марка

la frontera

граница

la aduana

таможня

la embajada

посольство

la visa

виза

el pasaporte

паспорт

el transporte
транспорт

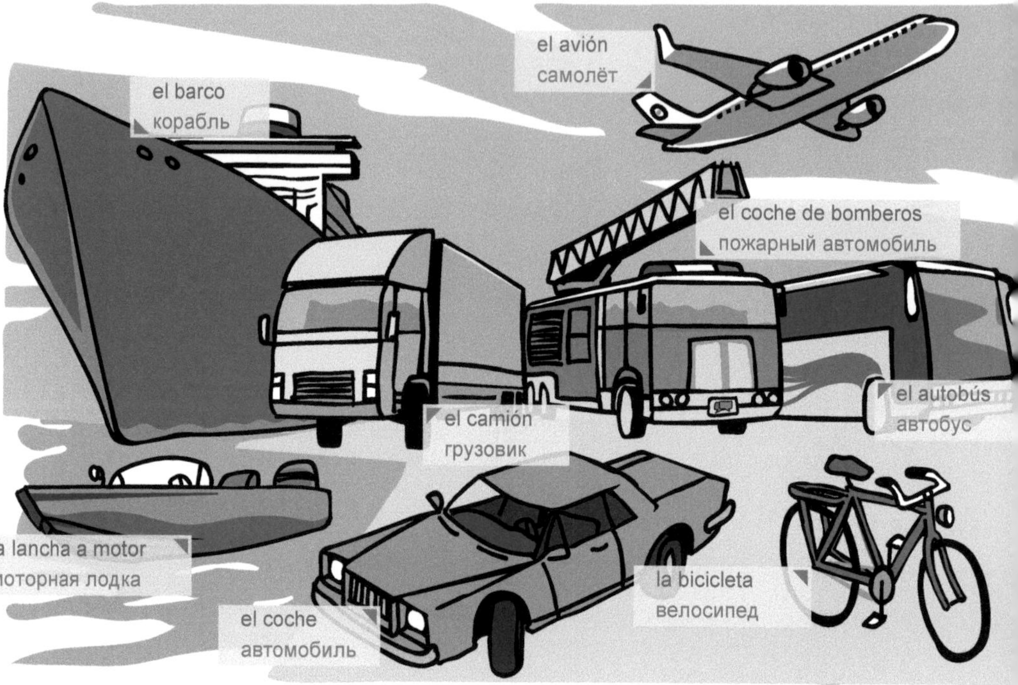
el avión
самолёт
el barco
корабль
el coche de bomberos
пожарный автомобиль
el autobús
автобус
el camión
грузовик
la lancha a motor
моторная лодка
la bicicleta
велосипед
el coche
автомобиль

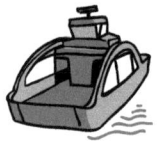

el transbordador

паром

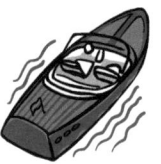

la barca

лодка

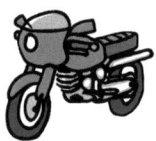

la moto

мотоцикл

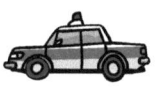

el coche de policía

полицейский автомобиль

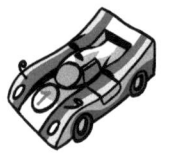

el coche de carreras

гоночный автомобиль

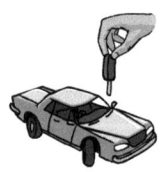

el coche de alquiler

арендованный автомобиль

el préstamo de vehículos

совместное пользование
автомобилями

la grúa

буксировочный
автомобиль

el camión de la basura

мусоровоз

el motor

двигатель

la gasolina

топливо

la gasolinera

заправка

la señal de tráfico

дорожный знак

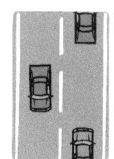

el tráfico

движение

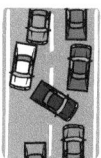

el atasco

пробка

el aparcamiento

автостоянка

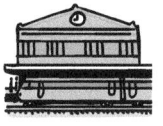

la estación de tren

вокзал

las vías

рельсы

el tren

поезд

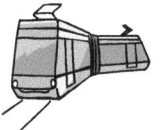

el tranvía

трамвай

el vagón

вагон

el helicóptero

вертолёт

el aeropuerto

аэропорт

la torre

вышка

el pasajero

пассажир

el contenedor

контейнер

la caja de cartón

коробка

la carretilla

тележка

la cesta

корзина

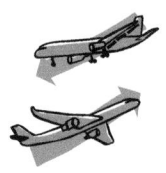

despegar / aterrizar

взлетать / приземляться

la ciudad

город

el pueblo

деревня

el centro de la ciudad

центр города

la casa

дом

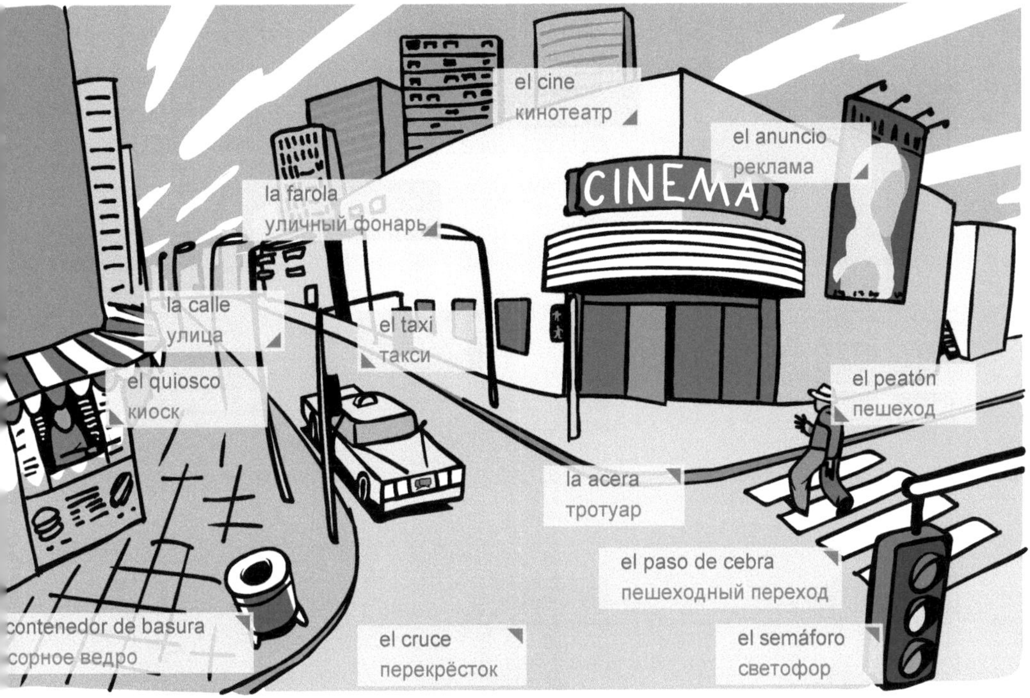

el cine
кинотеатр

el anuncio
реклама

la farola
уличный фонарь

CINEMA

la calle
улица

el taxi
такси

el quiosco
киоск

el peatón
пешеход

la acera
тротуар

el paso de cebra
пешеходный переход

contenedor de basura
сорное ведро

el cruce
перекрёсток

el semáforo
светофор

la cabaña
хижина

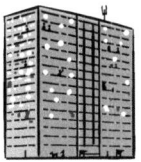

el apartamento
квартира

la estación de tren
вокзал

el ayuntamiento
ратуша

el museo
музей

la escuela
школа

la universidad

университет

el banco

банк

el hospital

больница

el hotel

гостиница

la farmacia

аптека

la oficina

офис

la librería

книжный магазин

la tienda de campaña

магазин

la floristería

цветочный магазин

el supermercado

супермаркет

el mercado

рынок

los grandes almacenes

универмаг

la pescadería

торговец рыбой

el centro comercial

торговый центр

el puerto

порт

el parque

парк

el banco

скамейка

el puente

мост

las escaleras

лестница

el metro

метро

el túnel

тоннель

la parada de autobús

автобусная остановка

el bar

бар

el restaurante

ресторан

el buzón

почтовый ящик

el poste indicador

табличка с названием улицы

el parquímetro

паркометр

el zoo

зоопарк

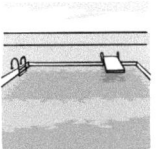

la piscina

бассейн

la mezquita

мечеть

la granja

ферма

la contaminación

загрязнение окружающей среды

el cementerio

кладбище

la iglesia

церковь

el patio de juego

детская площадка

el templo

храм

el paisaje
ландшафт

la hoja
лист

la señal
дорожный указатель

el camino
дорога

el prado
луг

la piedra
камень

el árbol
дерево

el excursionista
путешественник

el río
река

la hierba
трава

la flor
цветок

el valle

долина

la colina

гора

el lago

озеро

el bosque

лес

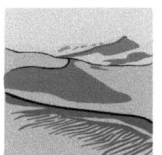

el desierto

пустыня

el volcán

вулкан

el castillo

замок

el arcoíris

радуга

el champiñón

гриб

la palmera

пальма

el mosquito

комар

la mosca

муха

la hormiga

муравей

la abeja

пчела

la araña

паук

el escarabajo

жук

la rana

лягушка

la ardilla

белка

el erizo

еж

la liebre

заяц

la lechuza

сова

el pájaro

птица

el cisne

лебедь

el jabalí

кабан

el ciervo

олень

el alce

лось

la presa

плотина

la turbina eólica

ветряной генератор

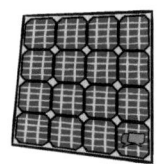

el panel solar

солнечная батарея

el clima

климат

el restaurante
ресторан

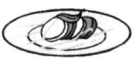

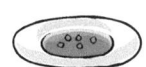

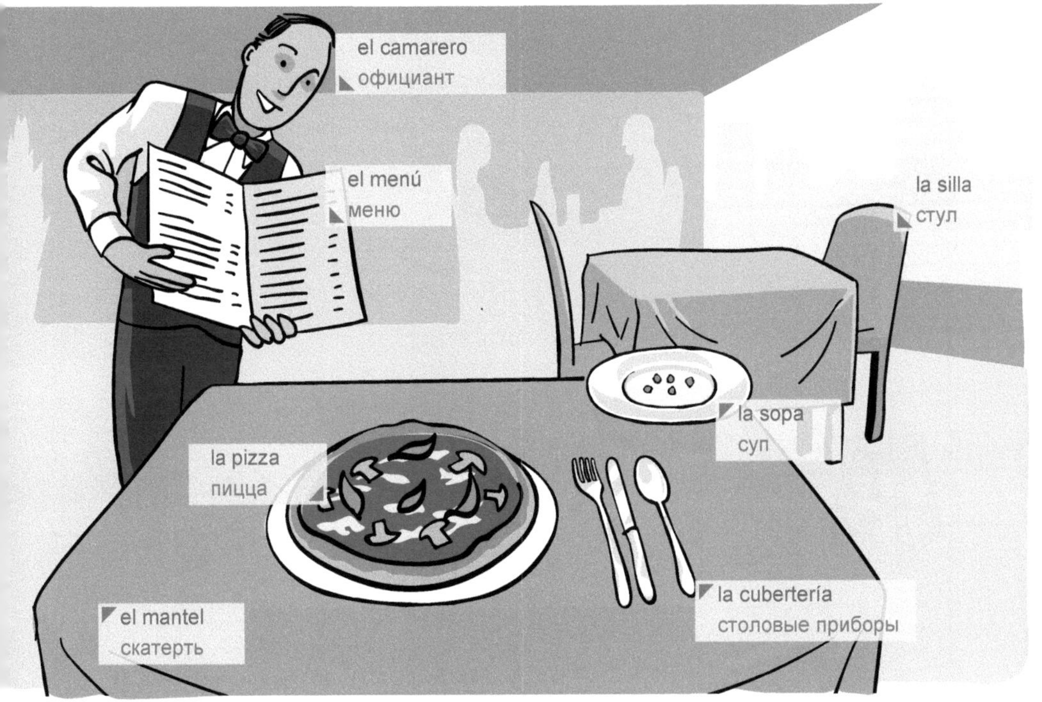

el camarero
официант
el menú
меню
la silla
стул
la sopa
суп
la pizza
пицца
la cubertería
столовые приборы
el mantel
скатерть

el primer plato

закуска

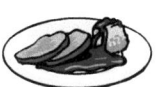

el plato principal

главное блюдо

el postre

десерт

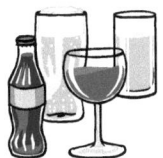

las bebidas

напитки

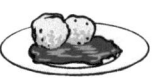

la comida

еда

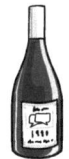

la botella

бутылка

la comida rápida

фастфуд

la comida callejera

уличная еда

la tetera

чайник

el azucarero

сахарница

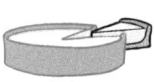

la porción

порция

la cafetera expreso

кофеварка

la trona

детский стульчик

la cuenta

счет

la bandeja

поднос

el cuchillo

нож

el tenedor

вилка

la cuchara

ложка

la cucharilla

чайная ложка

la servilleta

салфетка

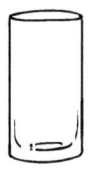

el vaso

стакан

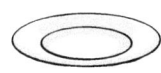

el plato

тарелка

el plato hondo

суповая тарелка

el platillo

блюдце

la salsa

соус

el salero

солонка

el molinillo de pimienta

мельница для перца

el vinagre

уксус

el aceite

масло

las especias

специи

el ketchup

кетчуп

la mostaza

горчица

la mayonesa

майонез

el supermercado

супермаркет

la oferta especial
специальное предложение
FOR
el cliente
покупатель
los lácteos
молочные продукты
la fruta
фрукты
el carro de compra
тележка для покупок

BUTCHERS

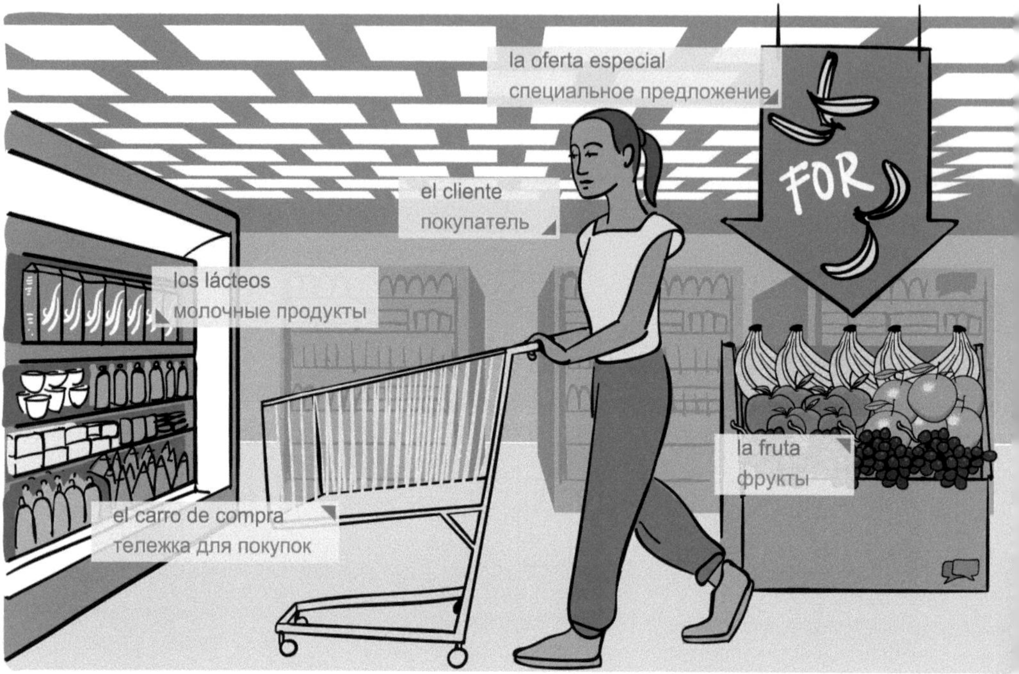

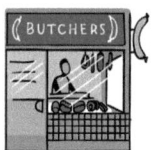

la carniceria

мясной магазин

BAKERY

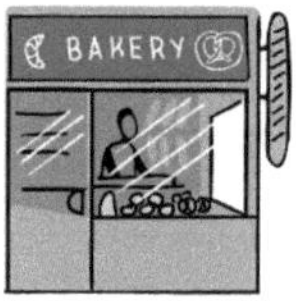

la panadería

пекарня

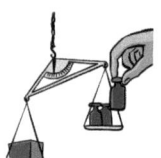

pesar

взвешивать

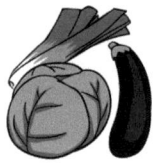

las verduras

овощи

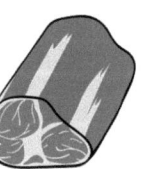

la carne

мясо

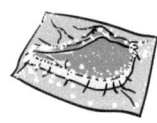

los alimentos congelados

быстрозамороженные продукты

los fiambres

нарезка

las conservas

консервы

el detergente en polvo

стиральный порошок

los dulces

сладости

productos de uso doméstico

предмет домашнего обихода

productos de limpieza

моющее средство

la vendedora

продавщица

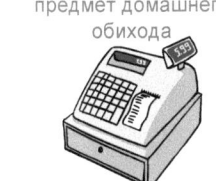

la caja de cartón

касса

el cajero

кассир

la lista de la compra

список покупок

el horario de atención al público

время работы

la cartera

бумажник

la tarjeta de crédito

кредитная карточка

la bolsa de plástico

сумка

la bolsa de plástico

полиэтиленовый пакет

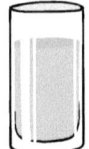

el agua

вода

el zumo

сок

la leche

молоко

la cola

кока-кола

el vino

вино

la cerveza

пиво

el alcohol

алкоголь

el cacao

какао

el té

чай

el café

кофе

el expreso

эспрессо

el capuchino

капучино

el plátano

банан

la manzana

яблоко

la naranja

апельсин

el melón

арбуз

el limón

лимон

la zanahoria

морковь

el ajo

чеснок

el bambú

бамбук

la cebolla

лук

el champiñón

гриб

las avellanas

орехи

los fideos

лапша

las espagueti

спагетти

el arroz

рис

la ensalada

салат

las patatas fritas

картофель фри

las patatas fritas

жареный картофель

la pizza

пицца

la hamburguesa

гамбургер

el sándwich

сэндвич

el filete

шницель

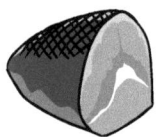

el jamón

ветчина

le salami

салями

la salchicha

колбаса

el pollo

курица

el asado

жаркое

el pescado

рыба

los copos de avena

овсяные хлопья

el muesli

мюсли

los copos de maíz

кукурузные хлопья

la harina

мука

el cruasán

круассан

el panecillo

булочка

el pan

хлеб

la tostada

тост

las galletas

печенье

la mantequilla

масло

la cuajada

творог

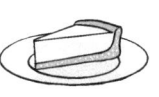

el pastel

пирог

el huevo

яйцо

el huevo frito

яичница

el queso

сыр

la comida - еда

el helado

мороженое

el azúcar

сахар

la miel

мёд

la mermelada

мармелад

la crema de turrón

крем с нугой

el curry

карри

la granja
ферма

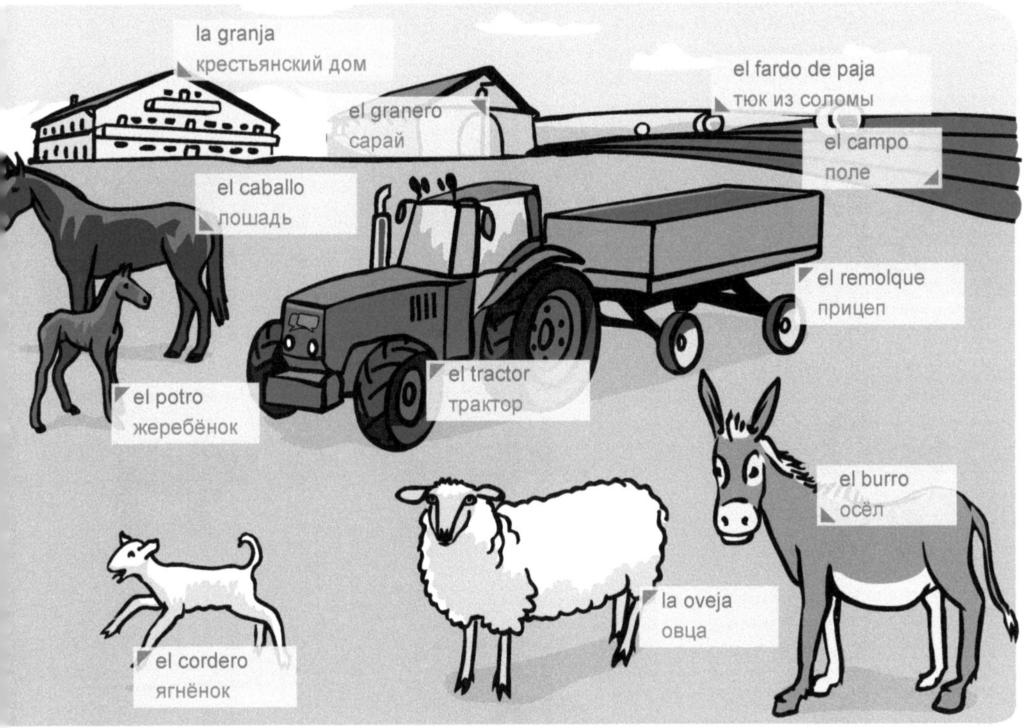
la granja
крестьянский дом
el granero
сарай
el fardo de paja
тюк из соломы
el campo
поле
el caballo
лошадь
el remolque
прицеп
el tractor
трактор
el potro
жеребёнок
el burro
осёл
la oveja
овца
el cordero
ягнёнок

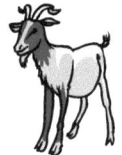

la cabra
коза

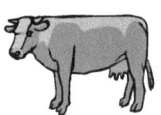

la vaca
корова

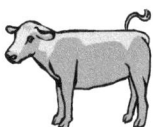

el ternero
телёнок

el cerdo
свинья

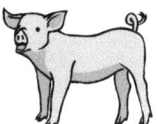

el cerdito
поросёнок

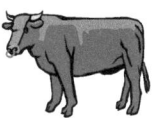

el toro
бык

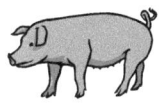

el ganso

гусь

el pato

утка

el pollo

цыплёнок

la gallina

курица

el gallo

петух

la rata

крыса

el gato

кошка

el ratón

мышь

el buey

вол

el perro

собака

la perrera

конура

la manguera

садовый шланг

la regadera

лейка

la guadaña

коса

el arado

плуг

la hoz

серп

la azada

мотыга

la horca

навозные вилы

el hacha

топор

la carretilla

тачка

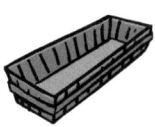

el abrevadero

корыто

la lechera

бидон для молока

el saco

мешок

la valla

забор

el establo

хлев

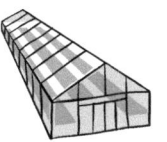

el invernadero

теплица

el suelo

почва

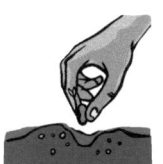

la semilla

посев

el fertilizador

удобрение

la cosechadora

комбайн

cosechar

собирать урожай

la cosecha

урожай

el ñame

ямс

el trigo

пшеница

el soja

соя

la patata

картофель

el maíz

кукуруза

la semilla de colza

рапс

el árbol frutal

фруктовое дерево

la mandioca

маниок

las cereales

злаки

la casa

дом

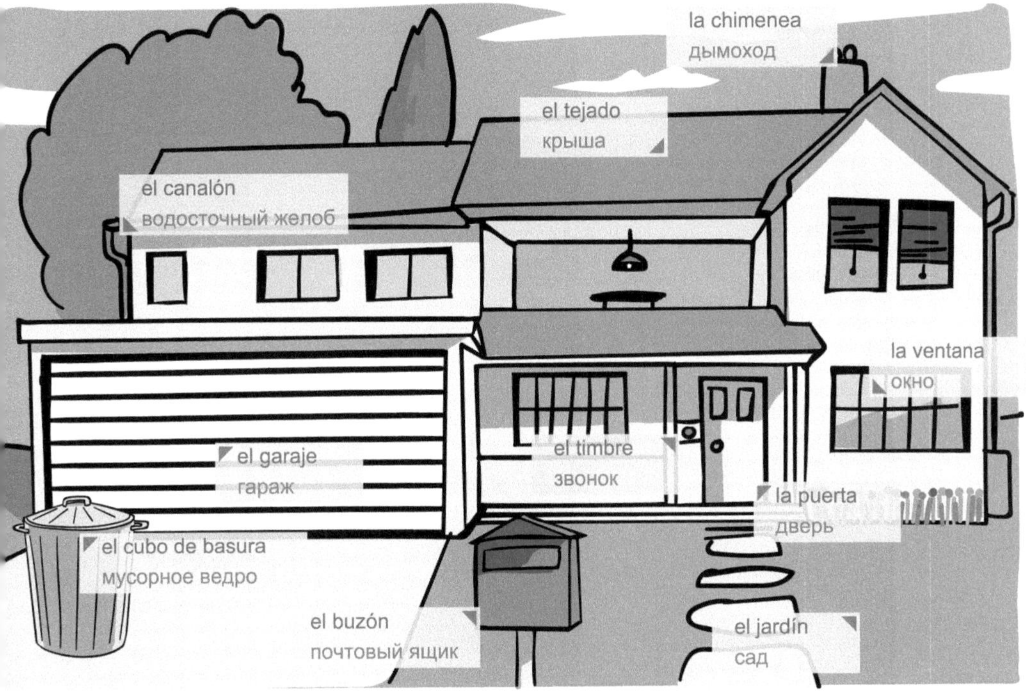
la chimenea
дымоход
el tejado
крыша
el canalón
водосточный желоб
la ventana
окно
el timbre
звонок
el garaje
гараж
la puerta
дверь
el cubo de basura
мусорное ведро
el buzón
почтовый ящик
el jardín
сад

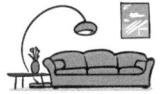

la sala
....
гостиная

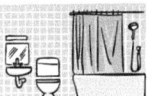

el cuarto de baño
....
ванная комната

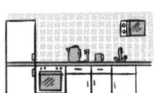

la cocina
....
кухня

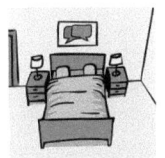

el dormitorio
....
спальня

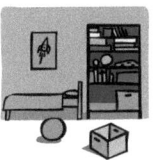

la habitación de los niños
....
детская комната

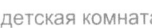

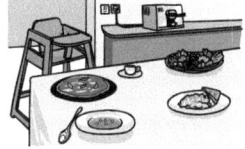

el comedor
....
столовая

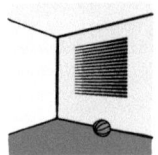

el suelo

пол

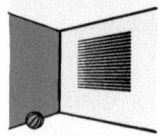

la pared

стена

el techo

потолок

el sótano

подвал

la sauna

сауна

el balcón

балкон

la terraza

терраса

la piscina

бассейн

el cortacésped

газонокосилка

la sábana

пододеяльник

la colcha

покрывало

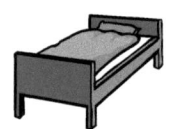

la cama

кровать

la escoba

метла

el balde

ведро

el interruptor

выключатель

la sala
гостиная

el papel pintado
обои
la imagen
рисунок
la lámpara
лампа
el estante
полка
el armario
шкаф
la televisión
телевизор
la chimenea
камин
la flor
цветок
el cojín
подушка
el sofá
диван
el jarrón
ваза
el mando a distancia
пульт дистанционного управления

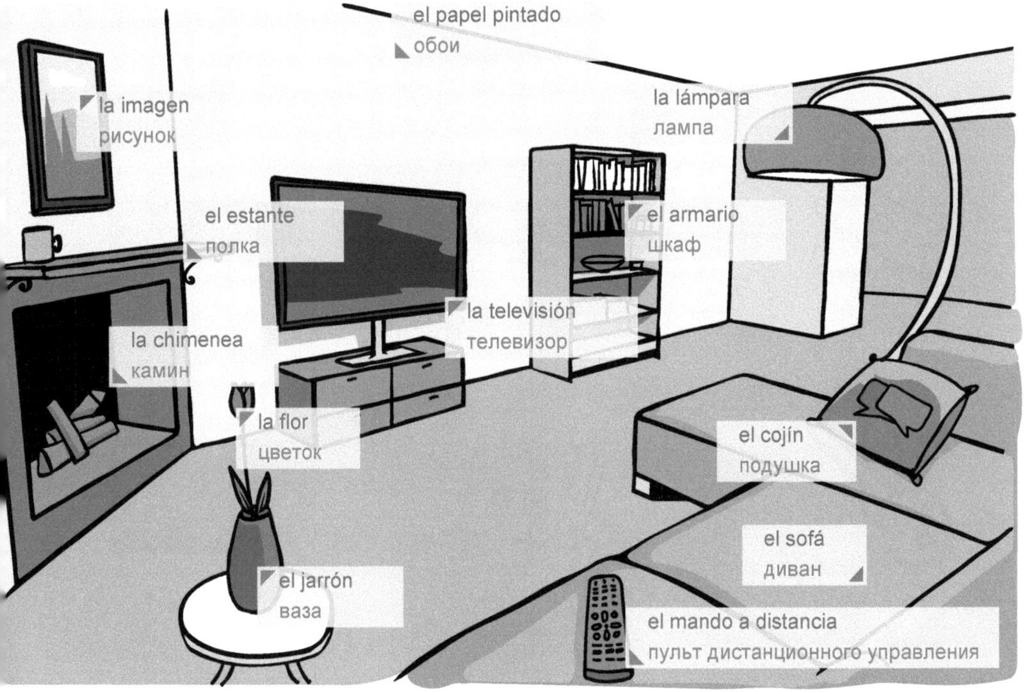

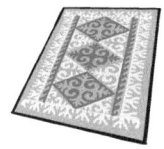

la alfombra

ковёр

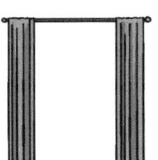

la cortina

штора

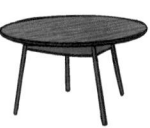

la mesa

стол

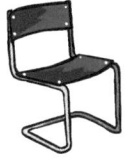

la silla

стул

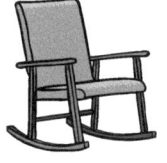

el mecedora

кресло-качалка

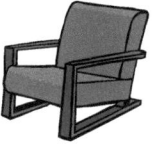

la butaca

кресло

el libro

книга

la manta

покрывало

la decoración

украшение

la leña

дрова

la película

фильм

el equipo de música

стереосистема

la llave

ключ

el periódico

газета

la pintura

картина

el póster

плакат

la radio

радио

el cuaderno

блокнот

la aspiradora

пылесос

el cactus

кактус

la vela

свеча

la cocina
кухня

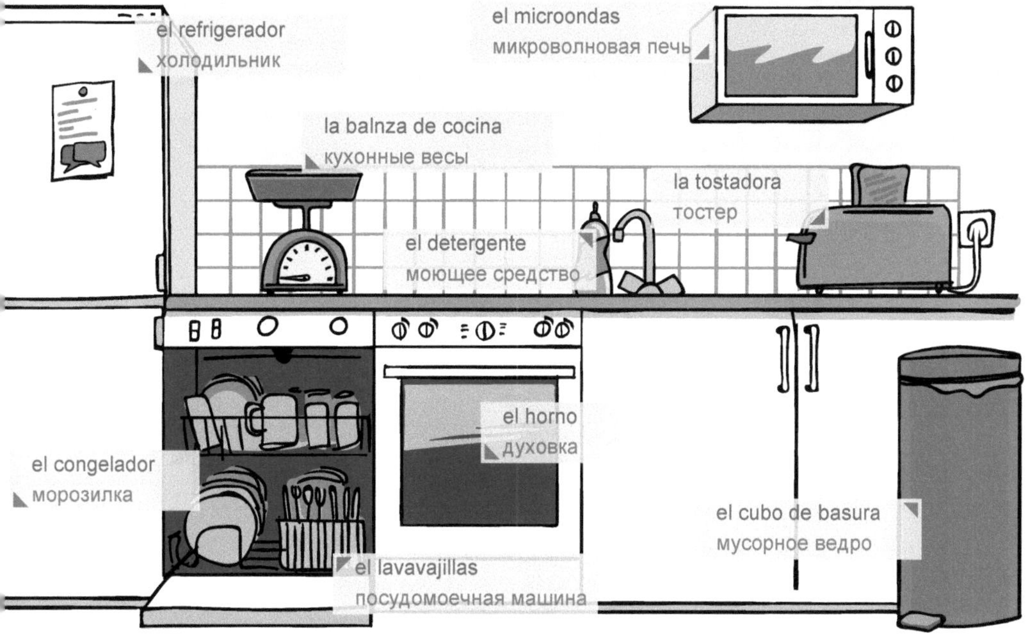

el refrigerador
холодильник
el microondas
микроволновая печь
la balnza de cocina
кухонные весы
la tostadora
тостер
el detergente
моющее средство
el horno
духовка
el congelador
морозилка
el cubo de basura
мусорное ведро
el lavavajillas
посудомоечная машина

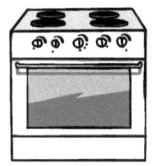

la olla a presión

плита

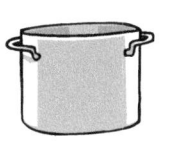

la olla

кастрюля

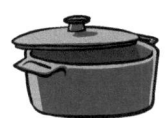

la olla de hierro fundido

чугунный котелок

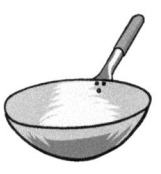

el wok

вок / кадай

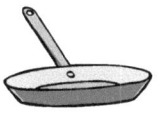

la cazuela

сковорода

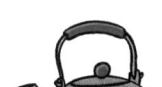

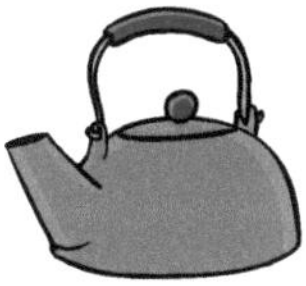

el hervidor

чайник

la vaporera

пароварка

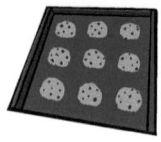

la chapa de horno

противень

la vajilla

посуда

la taza

кружка

el tazón

миска

los palillos

палочки для еды

el cucharón

половник

la espumadera

лопатка

el batidor

сбивалка

el colador

сито

el cedazo

сито

el rallador

тёрка

el mortero

ступка

la barbacoa

гриль

la hoguera

костёр

la tabla de picar

доска

el rodillo

скалка

el sacacorchos

штопор

la lata

жестяная банка

el abrelatas

консервный нож

el agarrador

прихватка

el lavabo

раковина

el cepillo

щетка

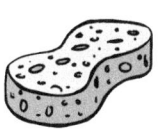

la esponja

губка

la batidora

миксер

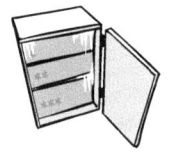

el congelador

морозильная камера

el biberón

бутылочка для кормления

el grifo

кран

la cocina - кухня

el cuarto de baño

ванная комната

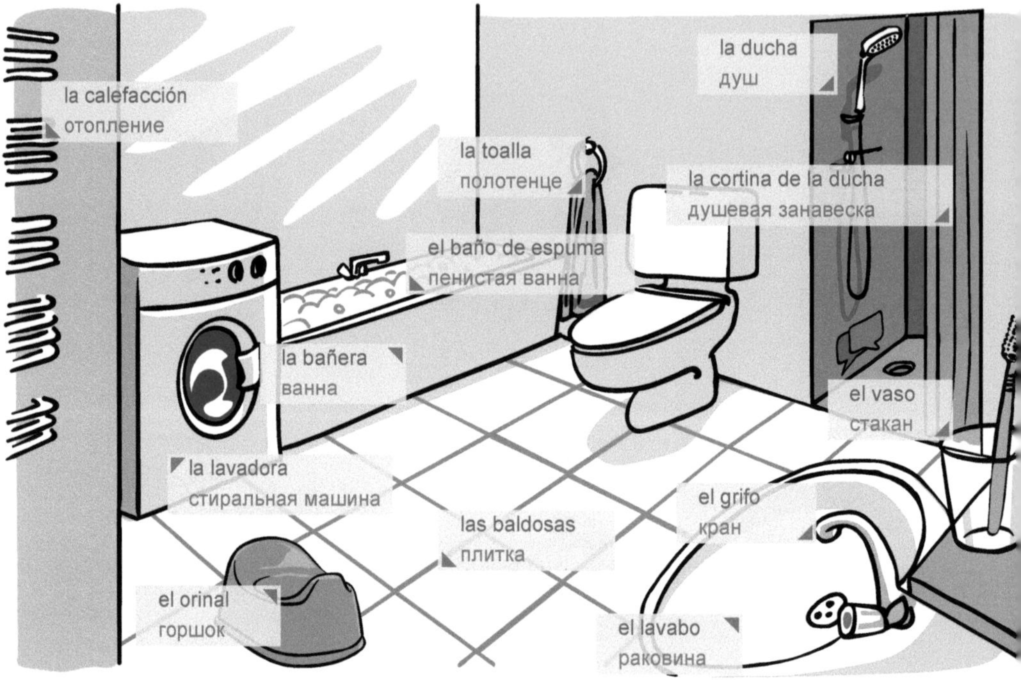
la calefacción
отопление
la toalla
полотенце
la ducha
душ
la cortina de la ducha
душевая занавеска
el baño de espuma
пенистая ванна
la bañera
ванна
el vaso
стакан
la lavadora
стиральная машина
el grifo
кран
las baldosas
плитка
el orinal
горшок
el lavabo
раковина

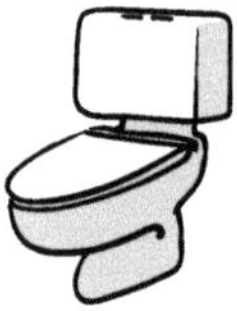

el inodoro

туалет

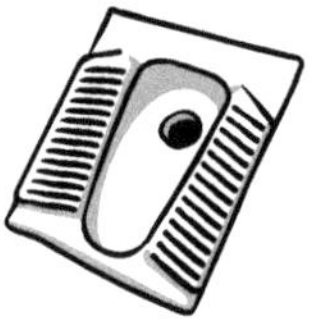

el inodoro rústico

напольный унитаз

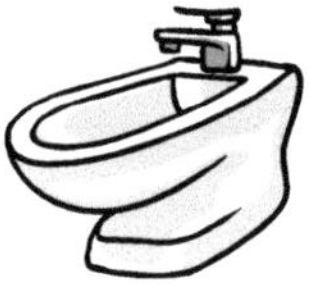

el bidé

биде

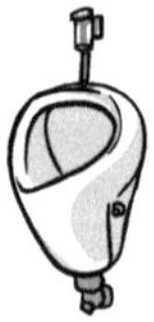

el urinario

писсуар

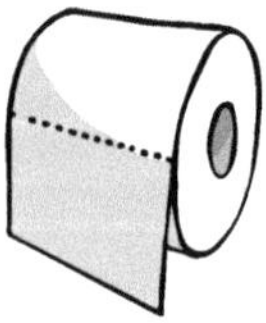

el papel higiénico

туалетная бумага

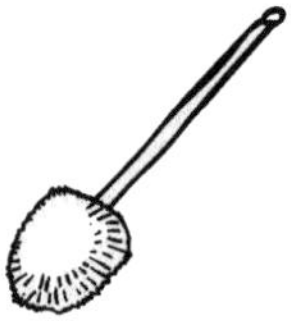

la escobilla del váter

ершик

el cepillo de dientes

зубная щетка

la pasta de dientes

зубная паста

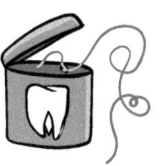

el hilo dental

зубная нить

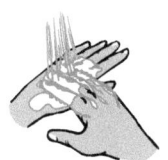

lavar

мыть

la ducha de mano

ручной душ

la ducha íntima

интимный душ

la pila

таз

el cepillo de espalda

щетка для спины

el jabón

мыло

el gel de ducha

гель для душа

el champú

шампунь

la toallita

мочалка

el desagüe

сток

la crema

крем

el desodorante

дезодорант

el espejo

зеркало

el espejo de tocador

ручное зеркало

la maquinilla de afeitar

бритва

la espuma de afeitar

пена для бритья

la loción postafeitado

лосьон после бритья

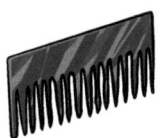

el peine

расческа

el cepillo

щетка

el secador

фен

la laca

лак для волос

el maquillaje

косметика

el pintalabios

губная помада

el pintauñas

лак для ногтей

el algodón

вата

el cortauñas

маникюрные ножницы

el perfume

духи

el estuche de viaje

косметичка

la banqueta

табуретка

la balanza

весы

el albornoz

халат

los guantes de goma

резиновые перчатки

el tampón

тампон

la compresa

гигиеническая прокладка

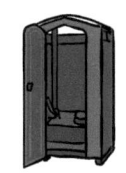

el inodoro químico

биотуалет

la habitación de los niños

детская комната

el despertador
будильник
el peluche
мягкая игрушка
el coche de juguete
игрушечный автомобиль
el sonajero
погремушка
la casa de muñecas
кукольный домик
el regalo
подарок

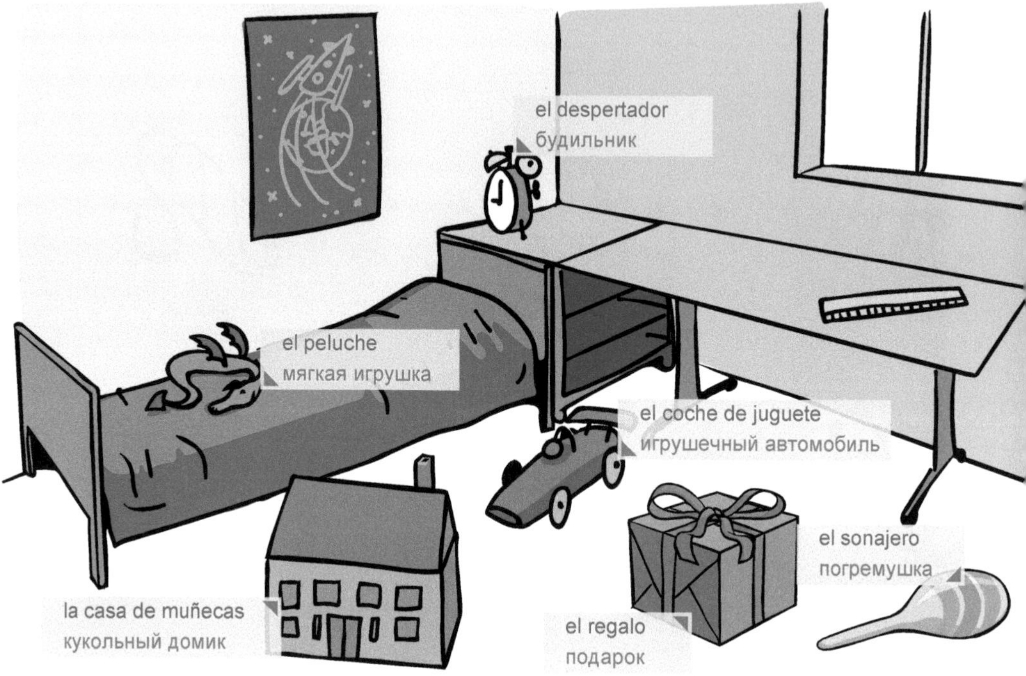

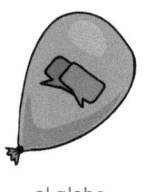

el globo

воздушный шар

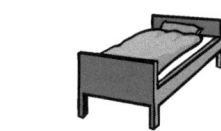

la cama

кровать

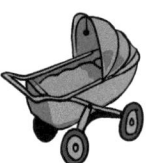

el coche de niño

детская коляска

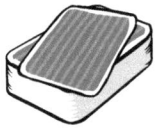

los naipes

карточная игра

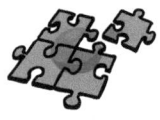

el puzle

пазл

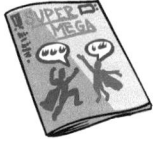

el tebeo

комикс

las piezas de lego

кирпичики Лего

los bloques de juguete

кубики

la figura de acción

игрушечная фигурка

el bodi (de bebé)

ползунки

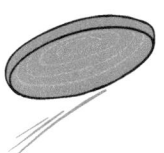

el frisbee

фрисби

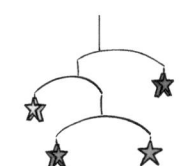

el colgador móvil para bebés

мобиле

el juego de mesa

настольная игра

los dados

кубик

el circuito de tren eléctrico

модель железной дороги

el maniquí

соска

la fiesta

вечеринка

el álbum de fotos

книга с картинками

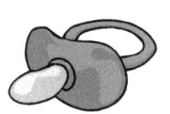

la pelota

мяч

la muñeca

кукла

jugar

играть

el cajón de arena

песочница

el columpio

качели

los juguetes

игрушка

la videoconsola

игровая приставка

el triciclo

трёхколесный велосипед

el oso de peluche

плюшевый медвежонок

la guardarropa

шкаф для одежды

la ropa

одежда

los calcetines

носки

las medias

чулки

los leotardos

колготки

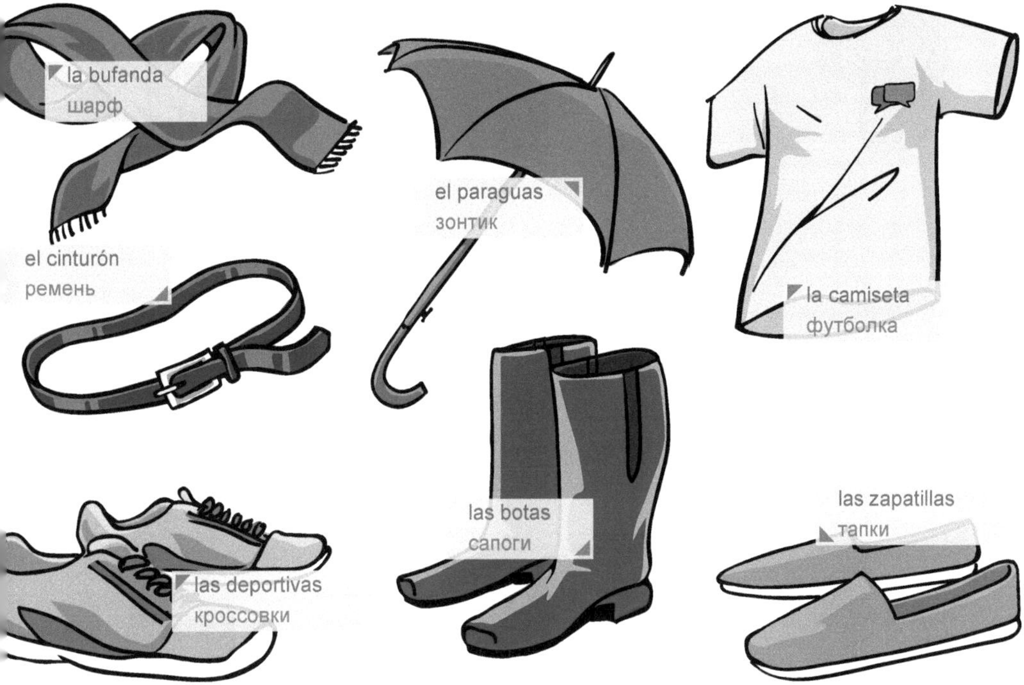

la bufanda
шарф

el paraguas
зонтик

el cinturón
ремень

la camiseta
футболка

las botas
сапоги

las zapatillas
тапки

las deportivas
кроссовки

las sandalias
················
сандалии

los zapatos
················
ботинки

las botas de goma
················
резиновые сапоги

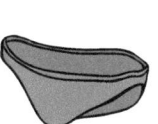

el slip
················
трусы

el sostén
················
бюстгальтер

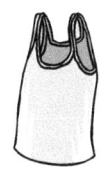

el chaleco
················
майка

el bodi

боди

los pantalones cortos

брюки

los vaqueros

джинсы

la falda

юбка

la blusa

блузка

la camisa

рубашка

el jersey

свитер

el suéter

свитер

el blazer

спортивная куртка

la chaqueta

жакет

el abrigo

пальто

la gabardina

плащ

el traje

костюм

el vestido

платье

el vestido de novia

свадебное платье

el traje

мужской костюм

el camisón

ночная сорочка

el pijama

пижама

el sati

сари

el bandana

платок

el turbante

тюрбан

la burka

паранджа

el caftán

кафтан

la abaya

абайя

el traje de baño

купальник

el bañador

плавки

los pantalones cortos

шорты

el chándal

спортивный костюм

el delantal

фартук

los guantes

перчатки

el botón

пуговица

las gafas

очки

el brazalete

браслет

el collar

цепочка

el anillo

кольцо

el pendiente

серьга

la gorra

шапка

la percha

вешалка

el sombrero

шляпа

la corbata

галстук

la cremallera

застежка молния

el casco

шлем

los tirantes

подтяжки

el uniforme

школьная форма

el uniforme

форма

el babero

детский нагрудник

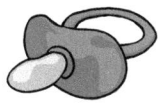

el maniquí

соска

el pañal

подгузник

la oficina
офис

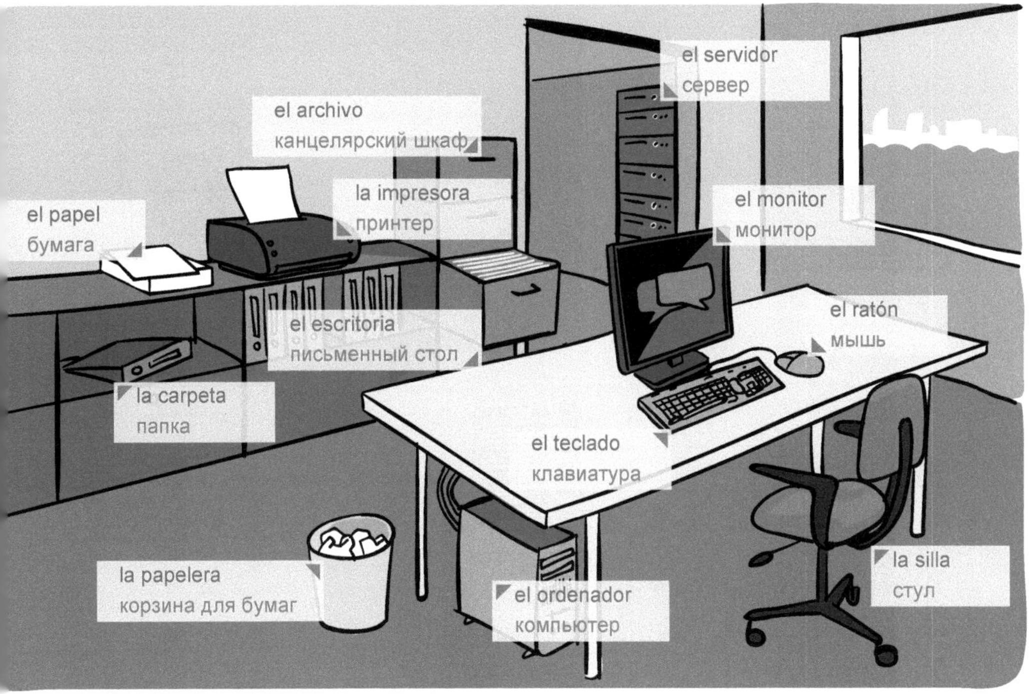

el servidor
сервер

el archivo
канцелярский шкаф

la impresora
принтер

el papel
бумага

el monitor
монитор

el escritoria
письменный стол

el ratón
мышь

la carpeta
папка

el teclado
клавиатура

la silla
стул

la papelera
корзина для бумаг

el ordenador
компьютер

la taza de café

кофейная кружка

la calculadora

калькулятор

el internet

интернет

el portátil

ноутбук

la carta

письмо

el mensaje

сообщение

el móvil

мобильный телефон

la red

сеть

la fotocopiadora

ксерокс

el software

программа

el teléfono

телефон

la toma de corriente

розетка

el fax

факс

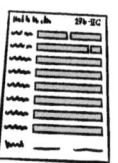

el formulario

формуляр

el documento

документ

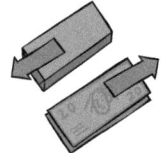
comprar
покупать

pagar
платить

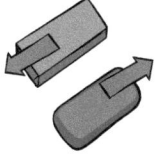
comerciar
торговать

el dinero
деньги

el dólar
доллар

el euro
евро

el yen
иена

el rublo
рубль

el franco suizo
франк

el renminbi yuan
жэньминьби юань

la rupia
рупия

el cajero automático
банкомат

la oficina de cambio de divisas

пункт обмена валюты

el oro

золото

la plata

серебро

el petróleo

нефть

la energía

энергия

el precio

цена

el contrato

договор

el impuesto

налог

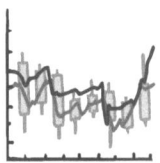

la acción

акция

trabajar

работать

el empleador

служащий

el empleador

работодатель

la fábrica

фабрика

la tienda de campaña

магазин

los oficios
профессии

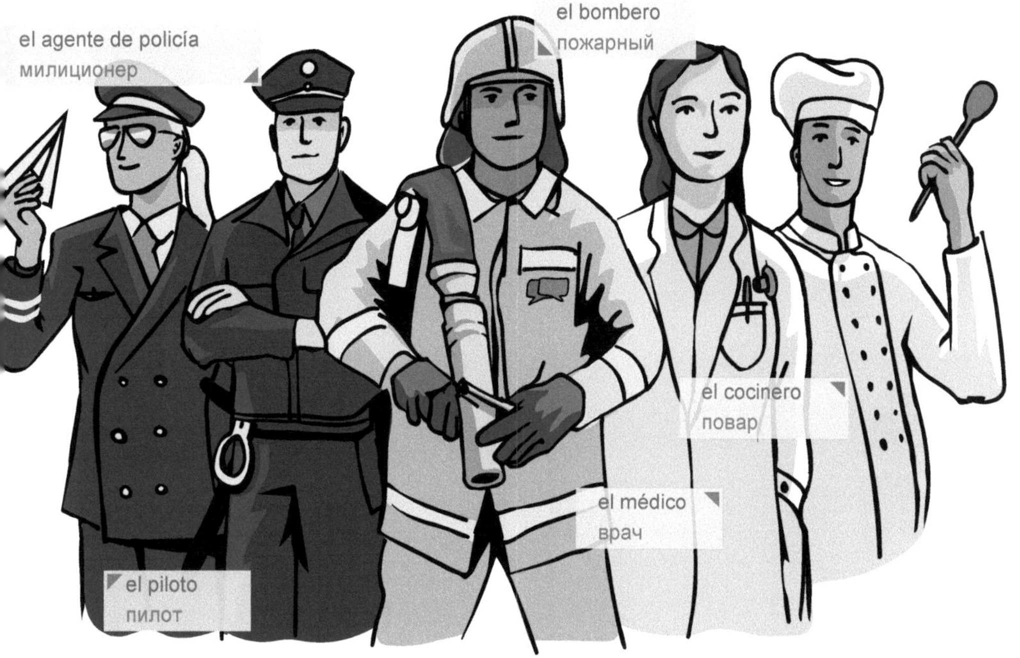
el agente de policía
милиционер
el bombero
пожарный
el cocinero
повар
el médico
врач
el piloto
пилот

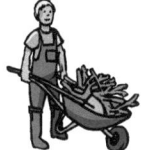

el jardinero

садовник

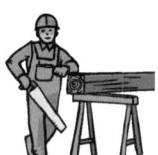

el carpintero

столяр

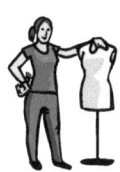

la costurera

швея

el juez

судья

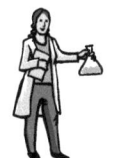

el farmacéutico

химик

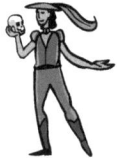

el actor

актёр

el conductor de autobús

водитель автобуса

el taxista

таксист

el pescador

рыбак

la señora de la limpieza

уборщица

el techador

кровельщик

el camarero

официант

el cazador

охотник

el pintor

художник

el panadero

пекарь

el electricista

электрик

el obrero

строитель

el ingeniero

инженер

el carnicero

мясник

el fontanero

сантехник

el cartero

почтальон

el soldado
солдат

el arquitecto
архитектор

el cajero
кассир

el florista
флорист

el peluquero
парикмахер

el revisor
кондуктор

el mecánico
механик

el capitán
капитан

el dentista
зубной врач

el científico
ученый

el rabino
раввин

el imán
имам

el monje
монах

el sacerdote
священник

las herramientas

инструменты

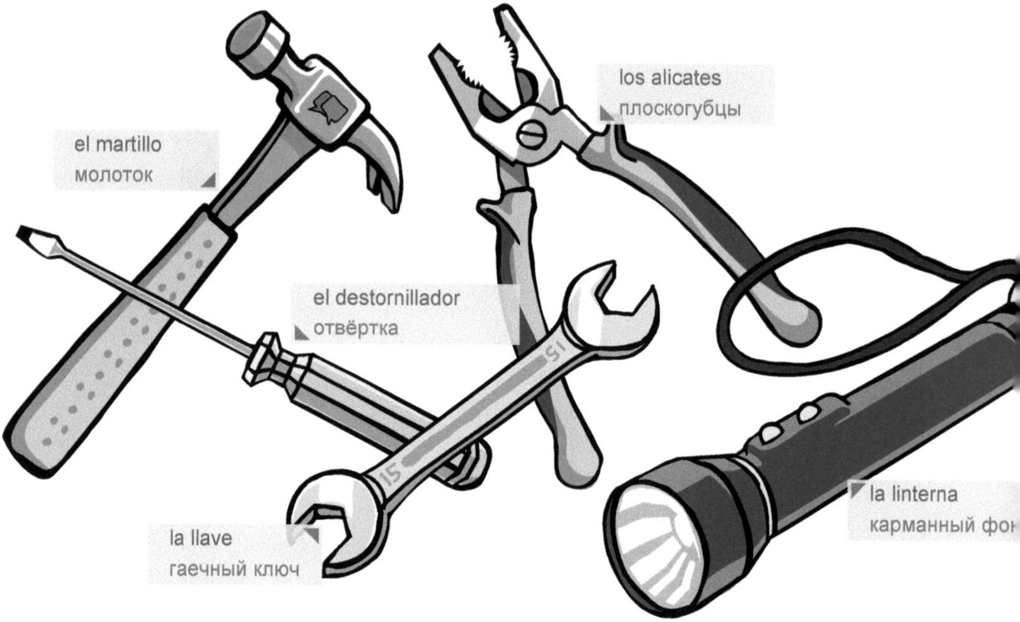

el martillo
молоток
los alicates
плоскогубцы
el destornillador
отвёртка
la llave
гаечный ключ
la linterna
карманный фо

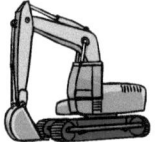

la excavadora

экскаватор

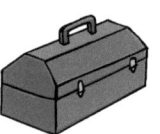

la caja de herramientas

ящик для инструментов

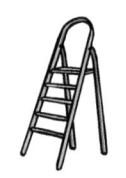

la escalera de mano

стремянка

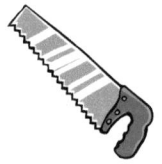

la sierra

пила

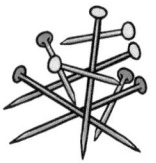

los clavos

гвозди

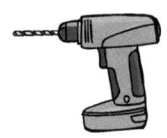

el taladro

дрель

reparar

ремонтировать

la pala

лопата

¡Maldita sea!

Блин!

el recogedor

совок

el bote de pintura

ведро с краской

los tornillos

винты

los instrumentos musicales
музыкальные инструменты

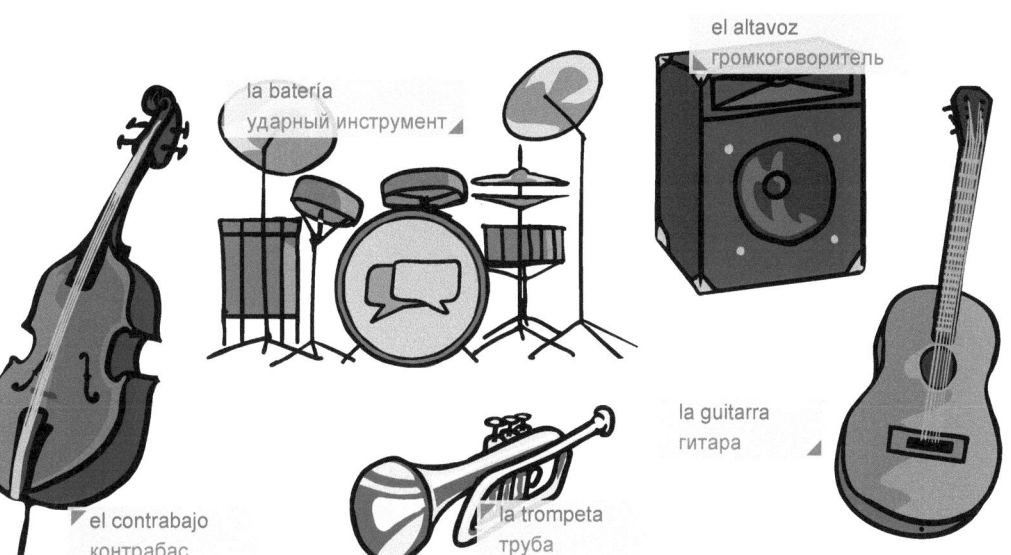

el altavoz
громкоговоритель

la batería
ударный инструмент

la guitarra
гитара

el contrabajo
контрабас

la trompeta
труба

el piano

пианино

el violín

скрипка

bajo

бас-гитара

los timbales

литавры

el tambor

барабан

el teclado

синтезатор

el saxofón

саксофон

la flauta

флейта

el micrófono

микрофон

el zoo

зоопарк

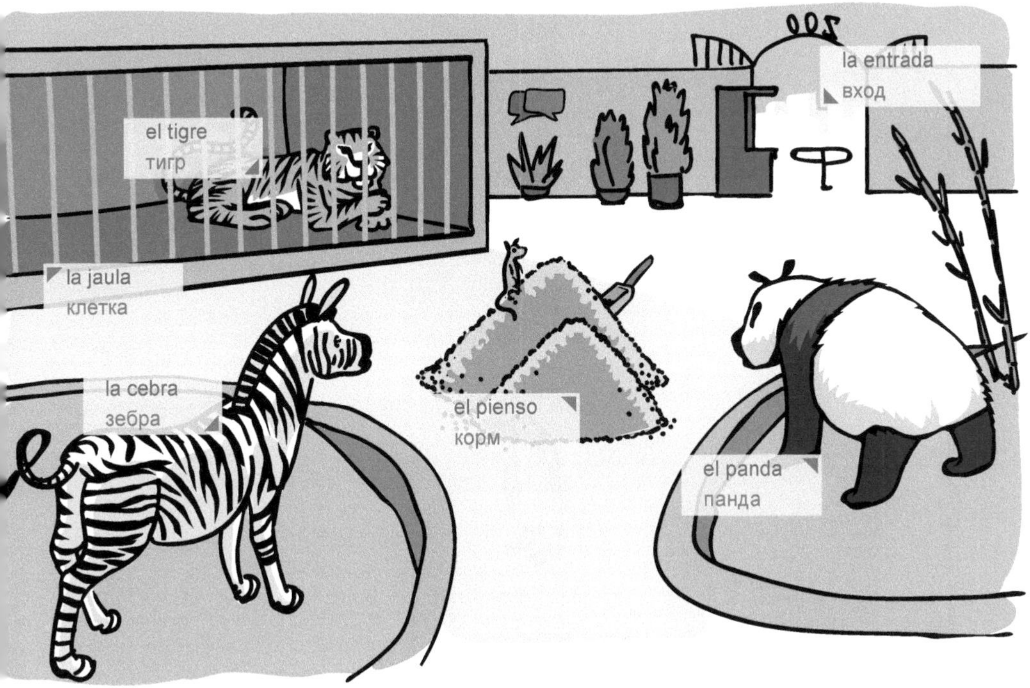

el tigre
тигр
la entrada
вход
la jaula
клетка
la cebra
зебра
el pienso
корм
el panda
панда

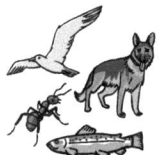

los animales
животные

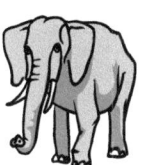

el elefante
слон

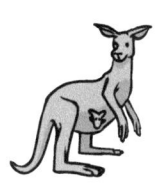

el canguro
кенгуру

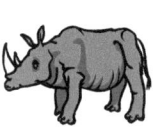

el rinoceronte
носорог

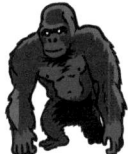

el gorila
горилла

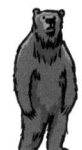

el oso
медведь

el camello

верблюд

el avestruz

страус

el león

лев

el mono

обезьяна

el flamingo

фламинго

el loro

попугай

el oso polar

белый медведь

el pingüino

пингвин

el tiburón

акула

el pavo real

павлин

la serpiente

змея

el cocodrilo

крокодил

el guardián de zoológico

служитель зоопарка

la foca

тюлень

el jaguar

ягуар

el poni

пони

el leopardo

леопард

el hipopótamo

бегемот

la jirafa

жираф

el águila

орёл

el jabalí

кабан

el pescado

рыба

la tortuga

черепаха

la morsa

морж

el zorro

лиса

la gacela

газель

el zoo - зоопарк

el fútbol americano
американский футбол

el ciclismo
езда на велосипеде

el tenis
теннис

el baloncesto
баскетбол

la natación
плавание

el boxeo
бокс

el hockey sobre hielo
хоккей

el fútbol
футбол

el bádminton
бадминтон

el atletismo
лёгкая атлетика

el balonmano
гандбол

el esquí
лыжный спорт

el polo
поло

las actividades

действия

saltar
прыгать
abrazar
обнимать
reír
смеяться
caminar
идти
cantar
петь
soñar
мечтать
rezar
молиться
besar
целовать

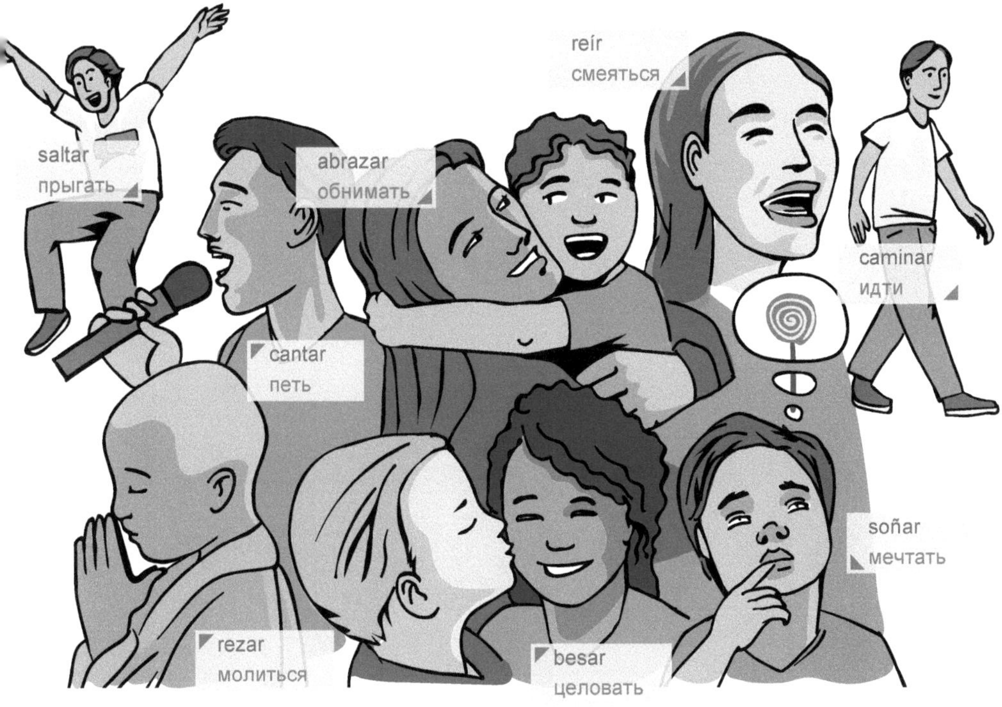

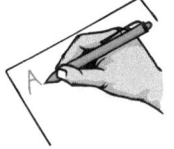

escribir

писать

dibujar

рисовать

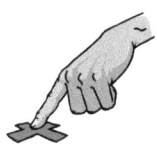

mostrar

показывать

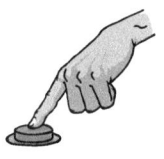

empujar

нажимать

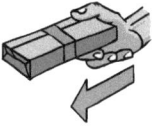

dar

давать

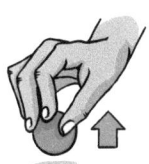

tomar

брать

tener

иметь

hacer

делать

ser

быть

estar de pie

стоять

correr

бежать

tirar

тянуть

tirar

бросать

caer

падать

yacer

лежать

esperar

ждать

llevar

носить

estar sentado

сидеть

vestirse

надевать

dormir

спать

despertar

просыпаться

mirar

рассматривать

llorar

плакать

acariciar

гладить

peinar

причесывать

hablar

говорить

entender

понимать

preguntar

спрашивать

escuchar

слушать

beber

пить

comer

кушать

ordenar

наводить порядок

amar

любить

cocinar

готовить

conducir

ехать

volar

летать

navegar

ходить под парусом

calcular

считать

leer

читать

aprender

учиться

trabajar

работать

casarse

вступать в брак

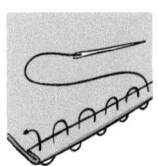

coser

шить

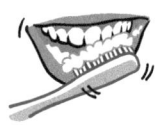

cepillarse los dientes

чистить зубы

matar

убивать

fumar

курить

enviar

отправлять

la familia
семья

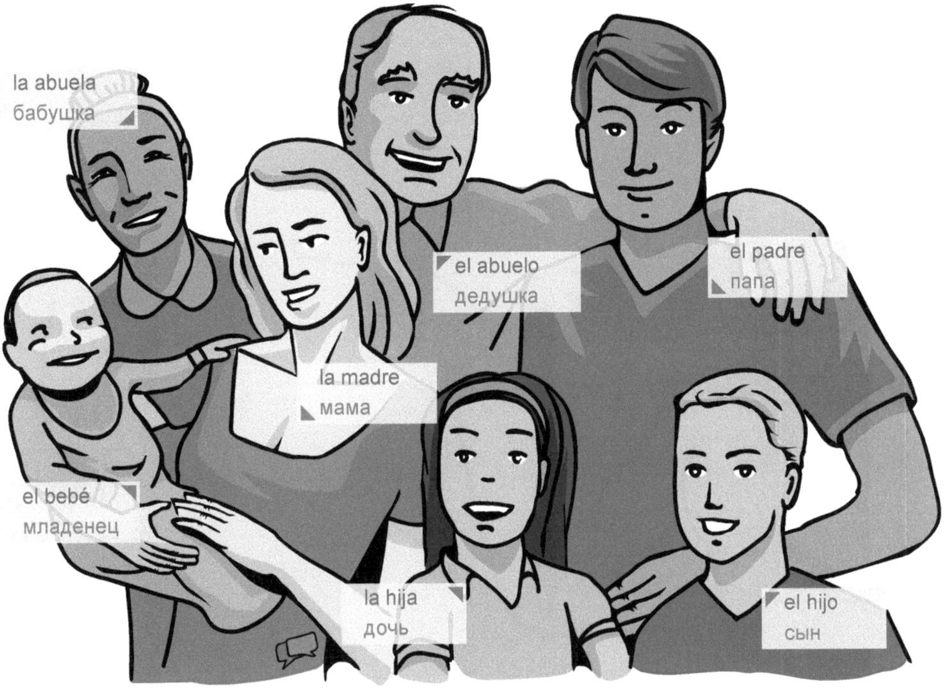

la abuela
бабушка
el abuelo
дедушка
el padre
папа
la madre
мама
el bebé
младенец
la hija
дочь
el hijo
сын

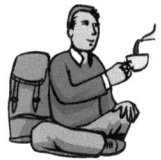

el invitado

гость

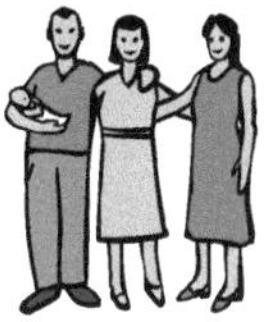

la tía

тетя

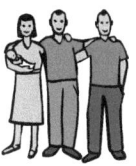

el tío

дядя

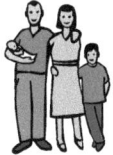

el hermano

брат

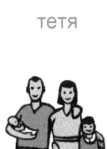

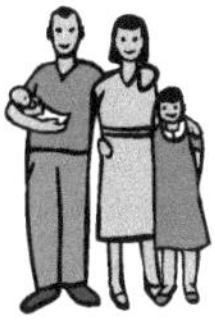

la hermana

сестра

el cuerpo

тело

la frente
лоб
el ojo
глаз
el hombro
плечо
el dedo
палец
la cara
лицо
la barbilla
подбородок
la mano
кисть
la pierna
нога
el pecho
грудь
el brazo
рука

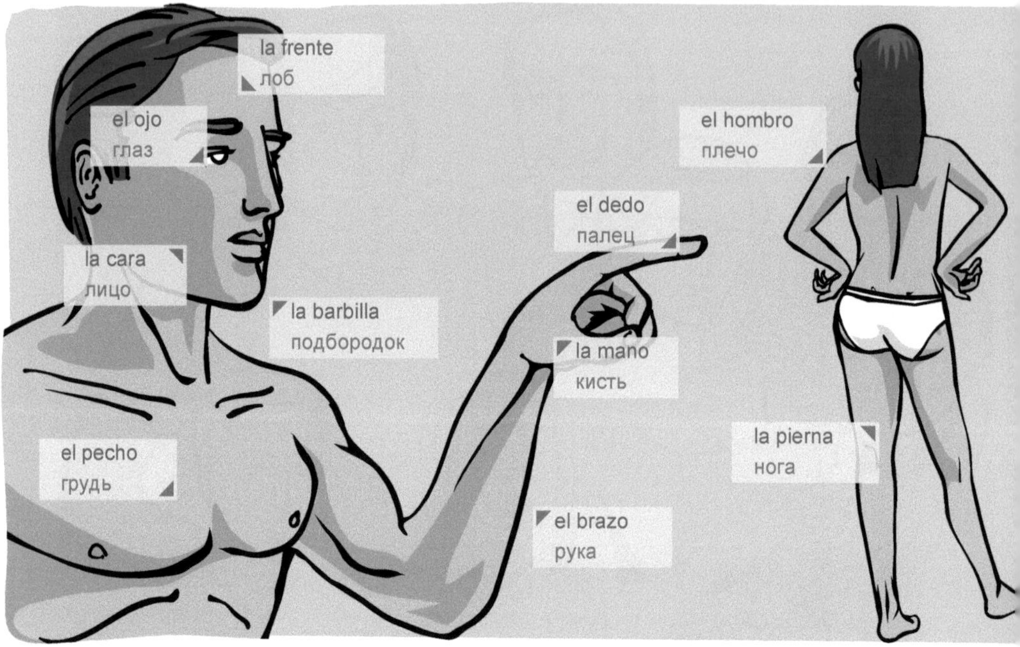

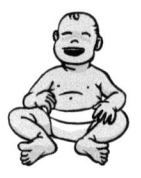

el bebé

младенец

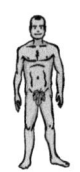

el hombre

мужчина

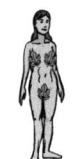

la mujer

женщина

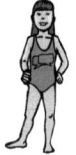

la chica

девочка

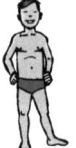

el chico

мальчик

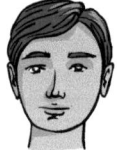

la cabeza

голова

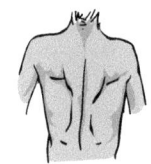

la espalda

спина

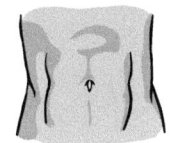

el vientre

живот

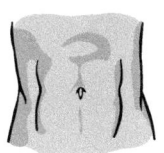

el ombligo

пупок

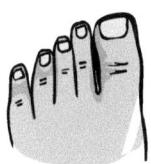

el dedo del pie

палец ноги

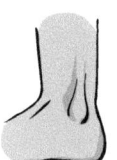

el talón

пятка

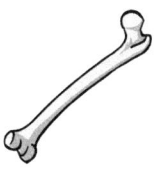

el hueso

кость

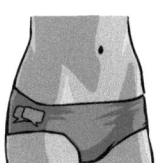

la cadera

бедро

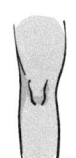

la rodilla

колено

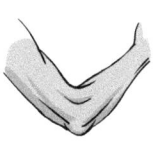

el codo

локоть

la nariz

нос

el trasero

ягодицы

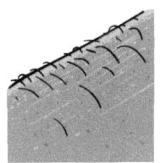

la piel

кожа

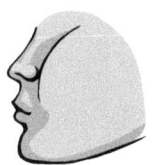

la mejilla

щека

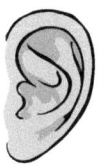

el oído

ухо

el labio

губа

el cuerpo - тело

la boca

рот

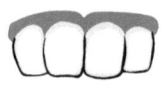

el diente

зуб

la lengua

язык

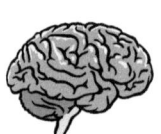

el cerebro

мозг

el corazón

сердце

el músculo

мышца

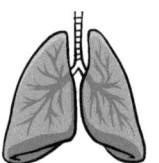

el pulmón

лёгкое

el hígado

печень

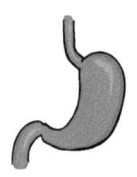

el estómago

желудок

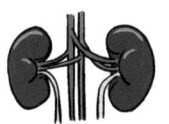

los riñones

почки

el sexo

половой акт

el condón

презерватив

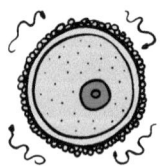

el ovario

яйцеклетка

el semen

сперма

el embarazo

беременность

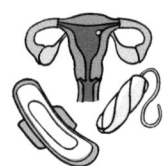

la menstruación

менструация

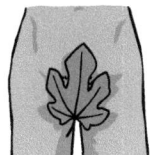

la vagina

вагина

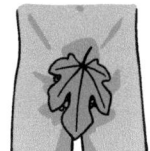

el pene

пенис

la ceja

бровь

el pelo

волосы

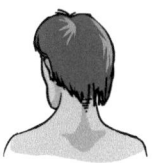

el cuello

шея

el hospital
больница

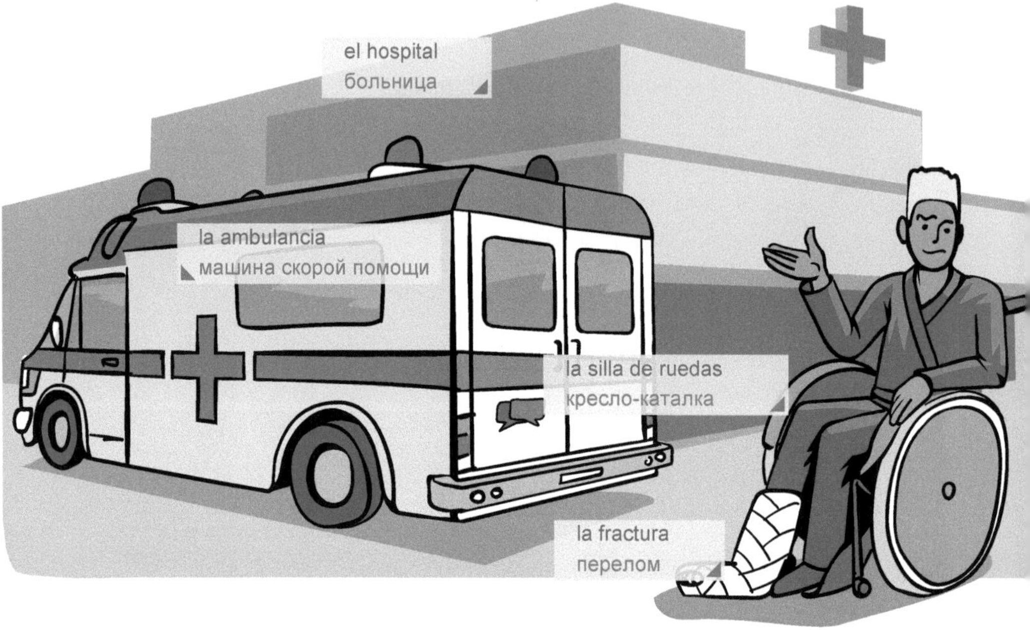

el hospital
больница
la ambulancia
машина скорой помощи
la silla de ruedas
кресло-каталка
la fractura
перелом

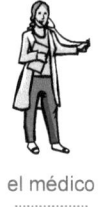

el médico
....
врач

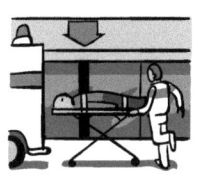

la sala de urgencias
....
пункт первой помощи

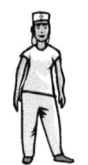

la enfermera
....
медсестра

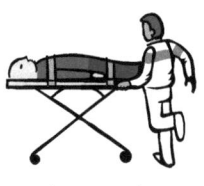

la urgencia
....
неотложный случай

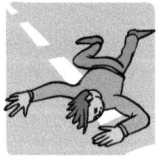

inconsciente
....
без сознания

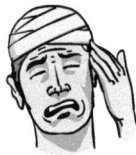

el dolor
....
боль

la lesión

повреждение

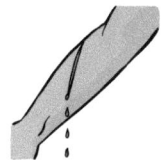

la hemorragia

кровотечение

el infarto

инфаркт

el ictus

инсульт

la alergia

аллергия

la tos

кашель

la fiebre

повышенная температура

la gripe

грипп

la diarrea

понос

el dolor de cabeza

головная боль

el cáncer

рак

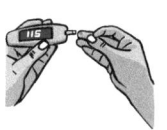

la diabetes

диабет

el cirujano

хирург

el bisturí

скальпель

la operación

операция

TAC

КТ

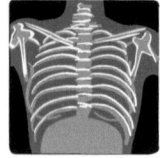

los rayos x

рентген

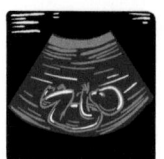

el ultrasonido

ультразвук

la mascarilla

маска

la enfermedad

болезнь

la sala de espera

приёмная

la muleta

костыль

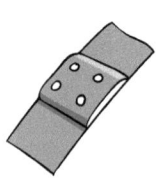

la tirita

пластырь

la venda

бинт

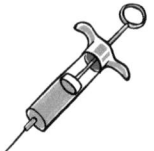

la inyección

укол

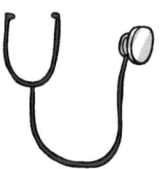

el estetoscopio

стетоскоп

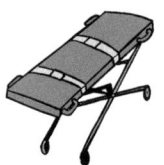

la camilla

носилки

el termómetro

термометр

el nacimiento

рождение

el sobrepeso

избыточный вес

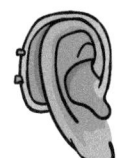

el audífono
слуховой аппарат

el desinfectante
дезинфекционное средство

la infección
инфекция

el virus
вирус

VIH / SIDA
ВИЧ / СПИД

la medicina
лекарство

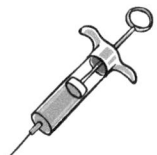

la vacunación
прививка

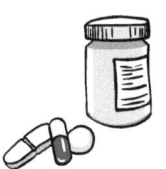

las tabletas
таблетки

la pastilla
противозачаточная таблетка

la llamada de urgencia
экстренный вызов

el tensiómetro
прибор для измерения кровяного давления

enfermo / sano
больной / здоровый

¡Socorro!

Помогите!

la alarma

сигнал тревоги

el asalto

нападение

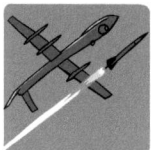

el ataque

атака

el peligro

опасность

la salida de emergencia

запасной выход

¡Fuego!

Пожар!

el extintor de incendios

огнетушитель

el accidente

несчастный случай

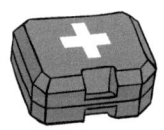

el botiquín de primeros auxilios

аптечка

SOS

SOS

la policía

милиция

Europa

Европа

Norteamérica

Северная Америка

Sudamérica

Южная Америка

África

Африка

Asia

Азия

Australia

Австралия

el atlántico

Атлантический океан

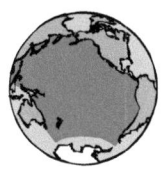

el Pacífico

Тихий океан

el Océano Índico

Индийский океан

el Océano Antártico

Антарктический океан

el Océano Ártico

Северный Ледовитый океан

el polo norte

Северный полюс

el polo sur

Южный полюс

La Antártida

Антарктика

la tierra

земля

la tierra

суша

el mar

море

la isla

остров

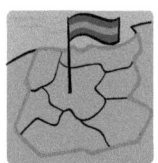

la nación

нация

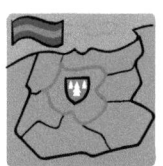

el estado

государство

la esfera

циферблат

la manecilla de las horas

часовая стрелка

el minutero

минутная стрелка

el segundero

секундная стрелка

¿Qué hora es?

Который час?

el día

день

el tiempo

время

ahora

сейчас

el reloj digital

электронные часы

el minuto

минута

la hora

час

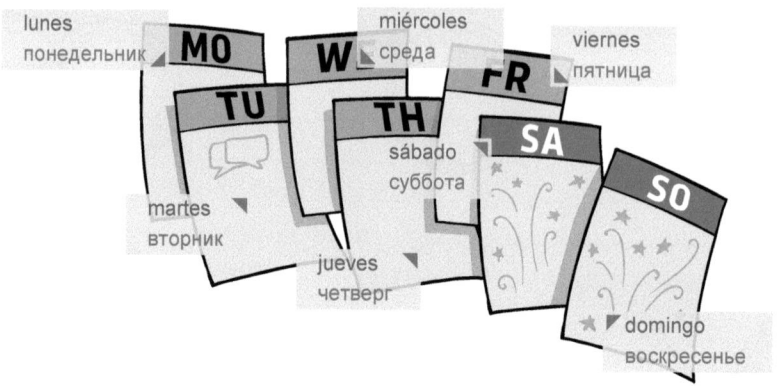

ayer

вчера

hoy

сегодня

mañana

завтра

la mañana

утро

el mediodía

полдень

la tarde

вечер

los días laborables

рабочие дни

el fin de semana

выходные

la lluvia
дождь

el arcoíris
радуга

la nieve
снег

el viento
ветер

la primavera
весна

el otoño
осень

el verano
лето

el invierno
зима

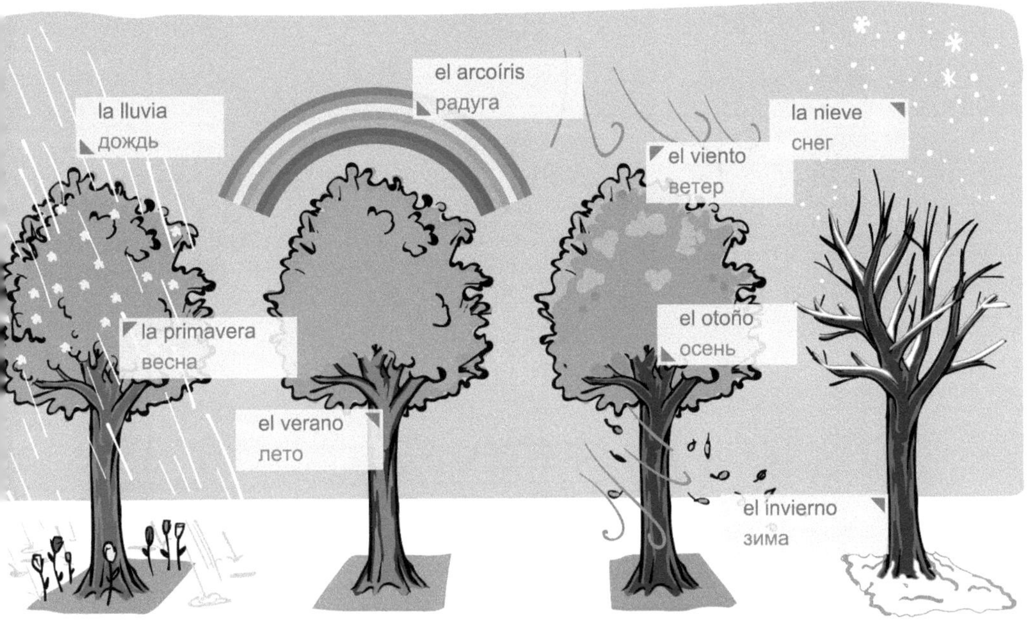

el pronóstico del tiempo

прогноз погоды

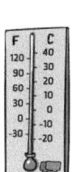

el termómetro

термометр

el sol

солнечный свет

la nube

туча

la niebla

туман

la humedad

влажность воздуха

el rayo

молния

el trueno

гром

la tormenta

буря

el granizo

град

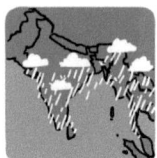

el monzón

муссон

la inundación

наводнение

el hielo

лёд

enero

январь

febrero

февраль

marzo

март

abril

апрель

mayo

май

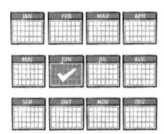

junio

июнь

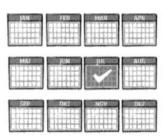

julio

июль

agosto

август

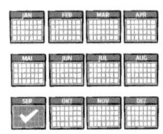

septiembre

сентябрь

octubre

октябрь

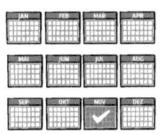

noviembre

ноябрь

diciembre

декабрь

las formas

формы

el círculo

круг

el cuadrado

квадрат

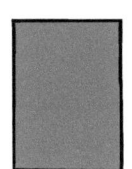

el rectángulo

прямоугольник

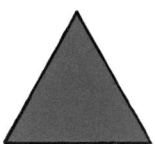

el triángulo

треугольник

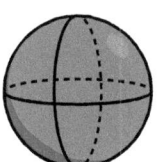

la esfera

шар

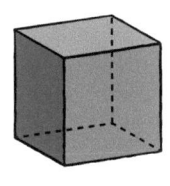

el cubo

куб

blanco

белый

amarillo

желтый

anaranjado

оранжевый

rosa

розовый

rojo

красный

morado

лиловый

azul

синий

verde

зелёный

marrón

коричневый

gris

серый

negro

черный

mucho / poco

много / мало

enojado / tranquilo

яростный / мирный

bonito / feo

красивый / уродливый

principio / fin

начало / конец

grande / pequeño

большой / маленький

claro / oscuro

светлый / темный

el hermano / la hermana

брат / сестра

limpio / sucio

чистый / грязный

completo / incompleto

полный / неполный

el día / la noche

день / ночь

muerto / vivo

мёртвый / живой

ancho / estrecho

широкий / узкий

comestible / no comestible

съедобный / несъедобный

malo / amable

злой / дружелюбный

entusiasmado / aburrido

взволнованный /
скучающий

gordo / delgado

толстый / худой

primero / último

сначала / в конце

el amigo / el enemigo

друг / враг

lleno / vacío

полный / пустой

duro / blando

твёрдый / мягкий

pesado / ligero

тяжёлый / легкий

el hambre / la sed

голод / жажда

enfermo / sano

больной / здоровый

ilegal / legal

незаконный / законный

inteligente / tonto

умный / глупый

izquierda / derecha

слева / справа

cerca / lejos

близко / далеко

nuevo / usado

новый / подержанный

nada / algo

ничто / нечто

viejo / joven

старый / молодой

encendido / apagado

включено / выключено

abierto / cerrado

открыто / закрыто

silencioso / ruidoso

тихо / громко

rico / pobre

богатый / бедный

correcto / incorrecto

правильный /
неправильный

áspero / suave

шероховатый / гладкий

triste / contento

печальный / счастливый

corto / largo

короткий / длинный

lento / rápido

медленный / быстрый

húmedo / seco

мокрый / сухой

cálido / frío

тёплый / прохладный

guerra / paz

война / мир

los opuestos - противоположности

0

cero

ноль

1

uno

один

2

dos

два

3

tres

три

4

cuatro

четыре

5

cinco

пять

6

seis

шесть

7

siete

семь

8

ocho

восемь

9

nueve

девять

10

diez

десять

11

once

одиннадцать

12
doce
двенадцать

13
trece
тринадцать

14
catorce
четырнадцать

15
quince
пятнадцать

16
dieciséis
шестнадцать

17
diecisiete
семнадцать

18
dieciocho
восемнадцать

19
diecinueve
девятнадцать

20
veinte
двадцать

100
cien
сто

1.000
mil
тысяча

1.000.000
el millón
миллион

el inglés

английский

el inglés americano

американский английский

el chino madarín

мандаринский китайский

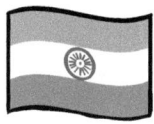

el hindi

хинди

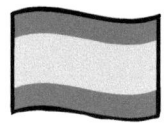

el español

испанский

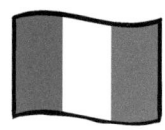

el francés

французский

el árabe

арабский

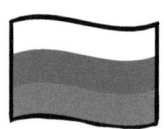

el ruso

русский

el portugués

португальский

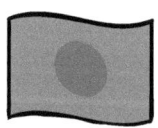

el bengalí

бенгальский

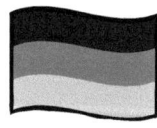

el alemán

немецкий

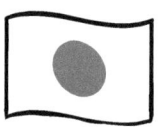

el japonés

японский

yo

я

tú

ты

él / ella / ello

он / она / оно

nosotros/as

мы

vosotros/as

вы

ellos/as

они

¿quién?

кто?

¿qué?

что?

¿cómo?

как?

¿dónde?

где?

¿cuándo?

когда?

el nombre

имя

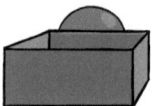

detrás

за

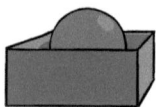

en

в

delante de

перед

por encima de

над

sobre

на

debajo de

под

junto a

рядом

entre

между

el lugar

место